Langenscheidt

Der Englisch-Kurs auf CD-ROM
Niveau 1

Wortschatzheft

D1667213

Langenscheidt

Berlin · München · Wien · Zürich · New York

Einige Hinweise vorab

Auf den folgenden Seiten finden Sie den Wortschatz der einzelnen Lektionen der CD-ROM. Sie sollten die Wörter parallel zu Ihrer Arbeit mit der CD-ROM stetig lernen, denn sie werden in den darauffolgenden Übungen und Lektionen immer vorausgesetzt. Sie finden die Wörter in der Reihenfolge aufgelistet, in der sie in der Lektion eingeführt werden.

Durch das separate Wortschatzheft wird das Lernen für Sie leichter: Sie können das Heft überall hin mitnehmen und so bequem auch im Bus oder in der U-Bahn lernen.

Hier einige wichtige Dinge, die für den gesamten Wortschatz gelten:

Sie finden im Wortschatz nicht nur einzelne Wörter, sondern auch Redewendungen, Ausdrücke und manchmal auch ganze Sätze. Versuchen Sie, diese Wendungen nicht zu hinterfragen, sondern einfach ihre deutsche Bedeutung zu lernen – man kann nicht jeden Ausdruck aus einer Fremdsprache genau wörtlich übersetzen. Wenn eine wörtliche Übersetzung Ihnen helfen könnte, haben wir sie zusätzlich zur „guten" Übersetzung mit dem Vermerk *wörtl.* angegeben.

Der Wortschatz enthält auch einzelne Formen, die Sie noch nicht kennen können. Sie werden Ihnen meist in derselben Lektion zu einem späteren Zeitpunkt erklärt. Bis dahin geben wir Ihnen die Bedeutung des Wortes in dieser neuen Form an, damit Sie den Text besser verstehen.

Neue Wörter und Formen aus den Grammatik-Fenstern, wie z. B. Zahlen oder Konjugationsformen, haben wir nicht in den Lektionswortschatz aufgenommen. Sie lernen sie am besten zusammen mit den Grammatikerklärungen.

Die Überschriften der einzelnen Abschnitte und die neuen Wörter auf den *Surprise*-Seiten müssen Sie nicht mitlernen. Sie finden deshalb diese Wörter nicht im Wortschatzverzeichnis. Aber wenn Sie möchten, können Sie sie natürlich gerne lernen – ihre deutsche Bedeutung steht ja jeweils dabei. Wenn Sie einmal eines dieser Wörter suchen: Sie finden sie alle im Glossar.

Sie können sich die Wörter und Wendungen auf der Audio-CD anhören. Sie prägen sich die Aussprache neuer Wörter ganz besonders gut ein, wenn Sie die Wörter gleichzeitig lesen und hören.

Hier noch die Erklärung der Abkürzungen:

Adj.	Adjektiv;	*Sg.*	Singular, Einzahl;
Adv.	Adverb;	*s.b.*	somebody (*jemand*);
AE	American English;	*s.o.*	someone (*jemand*);
BE	British English;	*s.th.*	something (*etwas*);
j-m	jemandem;	*ugs.*	umgangssprachlich;
j-n	jemanden;	*wörtl.*	wörtlich
Pl.	Plural, Mehrzahl;		

Lesson 1   Hello

Hello	Hallo
I'm (= I am)	Ich bin
from	von, aus
How do you do?	*Begrüßungsformel wie* „Es ist nett, Sie kennen zu lernen".
you	du, Sie (*Sg.* und *Pl.*)
My name is ...	Mein Name ist ...
my	mein(e)
name	Name, Bezeichnung
You're (= you are)	du bist, Sie sind (*Sg.*), Ihr seid, Sie sind (*Pl.*)
German	Deutsche(r); deutsch; Deutsch
..., are you?	..., nicht wahr?
that	das
That's (= That is) right.	Das ist richtig.
in	in
Saxony	Sachsen
Cambridge	*Universitätsstadt in Südengland*
yes	ja
we're (= we are)	wir sind
It's nice to meet you.	Es ist nett, Sie kennen zu lernen.
it's (= it is)	er, sie, es ist
nice	nett, freundlich, schön

to meet	kennen lernen
How are you?	Wie geht es Ihnen?
how?	wie?
Fine, thanks.	Prima, danke.
fine	prima, großartig; fein; schön
Thanks, Thank you.	Danke.
Not too bad.	Nicht schlecht.
not	nicht
bad	schlecht
Goodbye.	Auf Wiedersehen, Auf Wiederhören
'Bye / Bye-bye / ...	Tschüs
'bye now	
Cheerio	Tschüs
Good morning.	Guten Morgen! Guten Tag!
afternoon	Nachmittag
evening	Abend
I'm fine.	Mir geht es gut.
Look, ...	Schau mal, ... Sehen Sie, ...
to look	schauen, sehen
neighbour (*Pl.* neighbours)	Nachbar(in)
at	an, bei, in; *hier:* auf
for	für
two	zwei
week (*Pl.* weeks)	Woche
first name	Vorname
and	und
this	diese(r, -s); der, die, das hier

wife	Ehefrau
..., too	auch
I'd like to introduce you to ...	Ich möchte Ihnen ... vorstellen.
I'd like to ... (= I would like to ...)	Ich würde gerne ...
to introduce	vorstellen, bekannt machen mit; einführen
but	aber
she	sie
isn't (= is not)	ist nicht
here	hier
at the moment	im Moment, augenblicklich
the	der, die, das; die (*Pl.*)
moment	Moment, Augenblick
in town	im Stadtzentrum
with	mit
child, (*Pl.*: children)	Kind
they're (= they are)	sie sind
at the supermarket	im Supermarkt
supermarket	Supermarkt
What a pity.	Wie schade!
Till later, then.	Dann bis später.
May I ...?	Darf ich ... ?
husband	Ehemann
It's my pleasure.	Es freut mich sehr.
pleasure	Vergnügen
these	diese, die hier
our	unser(e)

daughter	Tochter
her	ihr(e)
kid brother	der kleine Bruder
brother	Bruder
son	Sohn
he	er
very	sehr
funny	lustig, komisch
Dad	Vati, Papa
Well, come on, ...	Nun/Also, komm(t) doch, ...
you two	ihr beiden
Say hello to ...	... grüßen
to say	sagen
their	ihr
caravan	Wohnwagen
next door	nebenan
on holiday	im Urlaub
..., aren't we?	..., nicht wahr?
dog	Hund
We must be off, I'm afraid.	Wir müssen leider weg(gehen).
It was nice talking to you.	Es war nett mit Ihnen zu reden.
to talk	sprechen, reden
See you later.	Bis später/bald.
to see	sehen
Have a nice day.	Schönen Tag!
to have	haben

day	Tag
a	ein, eine
caravan park	Wohnwagenpark
near	in der Nähe von
family (*Pl.*: families)	Familie
three	drei
married couple	Ehepaar
married	verheiratet
registration form	Anmeldeformular
edition	Ausgabe
surname	Familienname
address	Adresse, Anschrift
street	Straße
town	Stadt
country	Staat
car	Auto
make	Fabrikat
model	Modell
registration number	Amtliches Kennzeichen
Do you wish to pay by ...?	Möchten Sie mit ... zahlen?
to wish	wünschen
to pay	(be)zahlen
credit card	Kreditkarte
no	nein, kein(e)
If yes, please tick.	Wenn ja, bitte ankreuzen.
please	bitte
signature	Unterschrift
date	Datum
on Site 24	auf Platz 24

on	an, auf
father	Vater
person	Person
Irish	Ire, Irin; irisch
British	Brite, Britin; britisch
the man's name	der Name des Mannes
man (*Pl.*: men)	Mann
hotel	Hotel
sister	Schwester
mother	Mutter
pub	Kneipe
Italian	Italiener(in); italienisch; Italienisch
teacher	Lehrer(in)
colleague	Kollege, Kollegin
English	Englisch; englisch
Russian	Russe, Russin; russisch; Russisch
really	wirklich, tatsächlich
Good heavens!	Du gütiger Himmel!
that's why	deshalb, darum
so	so
good	gut
an	ein, eine (*vor vokalischem Anlaut*)
engineer	Ingenieur(in)
French	Franzose, Französin; französisch; Französisch
interpreter	Dolmetscher(in)

on business	geschäftlich
business	Geschäft
two or three times	zwei- oder dreimal
a month	monatlich, im Monat
month	Monat
girl	Mädchen
boy	Junge
seaside resort	Seebad
barbecue	Grillfest
what?	was?
job	Job, Arbeit, Beruf
plumber	Klempner(in)
bank clerk	Bankangestellte(r)
bank	Bank
I'd like to become ...	Ich möchte ... werden.
to become	werden
computer programmer	Computerprogrammierer(in)
separated	getrennt
awful	furchtbar, schrecklich
..., isn't it?	..., nicht wahr?
why?	warum?
divorced	geschieden
fashion	Mode
photographer	Fotograf(in)
full-time	Vollzeit-
at school	in der Schule
school	Schule
often	oft
to be away	abwesend sein

away	fort, weg
sales rep	Außendienstmitarbeiter(in), Vertreter(in)
freelance	freiberuflich
journalist	Journalist(in)
What about you?	Und Sie?, Was ist mit Ihnen?
biologist	Biologe, Biologin
unemployed	arbeitslos
I'm sorry.	Es tut mir Leid.
That's bad luck.	Das ist Pech!
bad luck	Pech
not really	nicht wirklich, eigentlich nicht
dentist	Zahnarzt, Zahnärztin
house husband	Hausmann (*vgl.* Hausfrau = housewife)
now	jetzt, nun
friend	Freund(in)
tourist	Tourist(in)
boyfriend	fester Freund, Partner
girlfriend	feste Freundin, Partnerin

Lesson 2

An old house

breakfast	Frühstück
time	Zeit
weekday	Wochentag

Ted Carter has breakfast at 6:30.	Ted Carter frühstückt um sechs Uhr dreißig.
a cup of coffee	eine Tasse Kaffee
cup	Tasse
of	von
coffee	Kaffee
black	schwarz
cigarette	Zigarette
the girls have breakfast at 8 o'clock	die Mädchen frühstücken um 8 Uhr
tea	Tee
some	einige, ein paar
jam	Marmelade
marmalade	Orangenmarmelade
a glass of orange juice	ein Glas Orangensaft
glass	Glas
orange	Orange
juice	Saft
quarter	Viertel
past	nach (*bei Zeitangaben*)
to	vor (*bei Zeitangaben*)
half past...	halb...
a.m.	vormittags
p.m.	nachmittags
bread roll	Brötchen
bread	Brot
butter	Butter
egg	Ei
a slice of cheese	eine Scheibe Käse

slice	Scheibe
cheese	Käse
continental	kontinental
honey	Honig
luncheon meats	Frühstücksfleisch
meat	Fleisch
porridge	Porridge, Haferbrei
bacon	Frühstücks-, Schinkenspeck
fried	gebraten, frittiert
tomatoes	Tomaten
sausage	Würstchen
there is	es gibt; da ist
there are	es gibt; da sind
small	klein
difference	Unterschied
number	Nummer
(it) has got	(es) hat, besitzt
(they) have got	(sie) haben, besitzen
room	Raum, Zimmer
all	alle, alles
house (*Pl.*: houses)	Haus
upstairs	oben, die Treppe hinauf
bedroom	Schlafzimmer
bathroom	Badezimmer
downstairs	unten, die Treppe hinunter
living-room	Wohnzimmer
kitchen	Küche
garden	Garten
conservatory	Wintergarten

hasn't (= has not) got	hat nicht, hat kein(e, -en)
garage	Garage
haven't got	haben nicht, haben kein(e, -en)
bricklayer	Maurer
toilet	Toilette
wonderful	wunderbar
news	Nachricht(en), Neuigkeit(en)
love	*hier:* Liebste(r), mein Liebling
today	heute
different (from)	verschieden, unterschiedlich, anders
You're up early.	Du bist früh auf.
early	früh
I've got something on my mind.	Etwas beschäftigt mich.
Is something wrong?	Stimmt etwas nicht?
something	etwas
little	klein
surprise	Überraschung
to need	brauchen
new	neu
old	alt
enough	genug
dear	Schatz, Liebling
pregnant	schwanger
terrace house	Reihenhaus

big	groß
suburb	Vorort
for sale	zu verkaufen
estate agent	Immobilienmakler(in)
at an estate agent's	beim Immobilienmakler
card	Karte
window	Fenster, Schaufenster
renovated	renoviert
beautiful	(wunder)schön
price	(Kauf-)Preis
buyer	Käufer(in)
not yet	noch nicht
for us	für uns
photo	Foto
modern	modern
semi-detached	halb frei stehend
semi-detached house	eine Doppelhaushälfte
near us	in unserer Nähe
How many?	Wie viele?
parking space	Parkbucht
in front (of)	vorne, vor
behind	hinter
type	Art
lots of / a lot of	viel(e), eine Menge
breadknife, (*Pl.*: bread-knives)	Brotmesser
lamp	Lampe
toothbrush	Zahnbürste
knife (*Pl.*: knives)	Messer

cushion	Kissen
tea towel	Geschirrtuch
towel	Handtuch
fork	Gabel
spoon	Löffel
toothpaste	Zahnpasta

Lesson 3   In town

where	wo, wohin
car park	Parkplatz
map	Karte, Stadtplan
city centre	Stadtzentrum
covered market	Markthalle
road	Straße
can	können
to walk	(zu Fuß) gehen, spazieren
far	weit (entfernt)
can't (= cannot)	kann nicht, können nicht
to go	gehen, fahren
must	müssen
to	zu, nach
town hall	Rathaus
other	andere(r, -s)
direction	Richtung
first	(zu)erst, zunächst
to meet	(sich) treffen
lunch	Mittagessen

shopping	Einkauf(en)
department store	Kaufhaus
later	später
should	sollte(n, -st), soll(en, -st)
to remember	sich erinnern (an)
to find	finden
when	wann, wenn; als
See you then.	Bis später.
cathedral	Kathedrale, Dom
art gallery	Kunstgalerie
post office	Postamt
cinema	Kino
bus station	Busbahnhof
hospital	Krankenhaus
church	Kirche
museum	Museum
way	Weg
drink	Getränk
to drink	trinken
thirsty	durstig
great	großartig, toll, phantastisch
idea	Idee, Einfall
money	Geld
somewhere	irgendwo
halfway	halbwegs
down	hinunter
word	Wort
shoe	Schuh

book	Buch
computer	Computer
camera	Fotoapparat
sports	Sport
shop	Geschäft, Laden
centre (*BE*), center (*AE*)	Zentrum
village	Dorf
Excuse me, ...	Entschuldigen Sie, ...
help	Hilfe
to ask the way	nach dem Weg fragen
to ask	fragen
somebody	jemand
to tell the way	den Weg beschreiben
to tell	sagen, erzählen
along	entlang
to turn (into)	*hier:* abbiegen, einbiegen (in)
left	links
into	in (... hinein)
past	vorbei
crossroad(s)	Kreuzung
to take	nehmen
right	rechts
on the left	auf der linken Seite
on the right	auf der rechten Seite
You can't miss it.	Sie können sie nicht verfehlen.
to miss	verfehlen, verpassen; vermissen

to ask for	bitten um
again	wieder, noch (ein)mal
stranger	Fremde(r)
worried	besorgt, beunruhigt
about	ungefähr
minute	Minute
end	Ende
to cross	überqueren
much	viel
Thank you very much.	Vielen Dank.
inside	innen, drinnen
at last	endlich, schließlich
to know	wissen; kennen
to sit down	sich setzen
to get to	gelangen zu, kommen zu
to drive	fahren
to drive home	nach Hause fahren
so	so, in dieser Weise; deshalb, also
half	Hälfte, halb
hour	Stunde
meal	Mahlzeit, Essen
to do	machen, tun
back	zurück
to put	stellen; legen; setzen
bag	Tasche; Tüte; Beutel
to buy	kaufen
another	ein(e) andere(r, -s); noch ein(e)

parking ticket	Parkschein
waiter	Kellner
to call	anrufen, telefonieren
Let's ...	Lass(t) uns ...
newspaper	Zeitung
... what's on	... was los ist
performance	Vorstellung
to visit	besuchen, besichtigen
currently	zur Zeit
exhibition	Ausstellung
admission	Eintritt
free	frei, umsonst
opening times	Öffnungszeiten
the Vikings	die Wikinger
adults	Erwachsene
under	unter
to try	versuchen, ausprobieren
adventure	Abenteuer
swimming pool	Swimmingpool, Schwimmbad
or	oder
course	Bahn
to enjoy	genießen
first floor	erster Stock
floor	Stockwerk
senior citizens	Senioren
too late	zu spät
too + *Adjektiv*	zu ...
late	spät

interesting	interessant
uninteresting	uninteressant
exciting	aufregend
boring	langweilig
expensive	teuer
inexpensive	billig
cheap	billig
crossword puzzle	Kreuzworträtsel
doctor	Arzt, Ärztin
thing	Sache, Ding

Lesson 4   Madhur's boyfriend

busy	beschäftigt; hektisch
Monday	Montag
parents	Eltern
parents' house	(das) Haus der Eltern
detached house	frei stehendes Haus
to cook	kochen, zubereiten
food	Essen, Lebensmittel
tomorrow	morgen
Tuesday	Dienstag
Indira's house	Indiras Haus
also	auch
birthday	Geburtstag
niece	Nichte
Mumtaz' birthday party	(die) Geburtstagsparty von Mumtaz

They're having	Die (werden) haben
children's party	Kinderfest
Mumtaz' friends	die Freunde von Mumtaz
the neighbours' children	die Kinder der Nachbarn
Wednesday	Mittwoch
theatre	Theater
rehearsal	Probe
'Macbeth'	*Drama von William Shakespeare*
part	*hier:* Rolle
witch	Hexe
scratch	Kratzer
door	Tür
to go out	ausgehen
out	hinaus
flat	Wohnung
share (with)	(sich) teilen (mit), gemeinsam benutzen
It's me.	Ich bin's.
to come in	eintreten, hereinkommen
to come	kommen
in	in, in ... hinein
only	nur
Would you like (to) ...?	Möchten Sie ...?, Möchtest du ...?, Möchtet ihr ...?
to like	möchten, mögen
tonight	heute Abend, heute Nacht
after	nach, nachdem

How about ...?	Wie wär's mit ...?
Thursday	Donnerstag
Indian	indisch
You're joking!	Du machst Witze!, Das ist nicht dein Ernst!
to get	bekommen, kriegen
real	echt, wirklich
traditional	traditionell
That's fine with me.	Das ist mir recht.
So long.	Tschüss.
aunt	Tante
uncle	Onkel
who	wer, wen, wem
menu	Speisekarte
to sit	sitzen
starter	Vorspeise, Appetithäppchen
table	Tisch
to give	geben
coat	Mantel
above	über, oberhalb
in ... order	in ... Anordnung, in ... Reihenfolge
picture	Bild
to choose	(aus)wählen, aussuchen
to order	bestellen, beauftragen
posh	todschick, elegant
chips (*BE*)	Pommes frites
French fries (*AE*)	Pommes frites

impressed	beeindruckt
salad	Salat
I'd like a ... (= I would like)	Ich möchte gerne, ich hätte gerne ...
vegetarian	Vegetarier(in)
chicken	Huhn, Hähnchen
to think	denken
all right	gut, in Ordnung
I'm starving!	Ich verhungere!
chicken casserole	Hühnertopf
casserole	Kasserolle
steak	Steak
lager	Pils
water	Wasser
separate	getrennt
bill (*BE*)	Rechnung
beef	Rindfleisch
pork	Schweinefleisch
fish	Fisch
lamb	Lamm, Lammfleisch
question tag	Frageanhängsel
question	Frage
sentence	Satz
student	Student(in)
MTA (= medical technical assistant)	medizinisch-technische(r) Assistent(in)

Lesson 5   Britain on foot

important	wichtig, bedeutend
to backpack (AE)	wandern, trampen, mit dem Rucksack verreisen
to hike (BE)	wandern
Super!	Großartig!, Toll!
popular with ...	beliebt bei ...
young	jung
people	Menschen, Leute
because	weil
How much?	Wie viel?
weight	Gewicht
to carry	tragen
equipment	Ausrüstung
clothing	Kleidung
backpack (AE)	Rucksack
tent	Zelt
groundsheet	Zeltbahn
sleeping bag	Schlafsack
spirit stove	Spirituskocher
frying pan	Bratpfanne
plate	Teller
a pair of	ein Paar
pair	Paar
sock	Socke
underwear	Unterwäsche
shirt	Hemd
pullover	Pullover

a pair of jeans	eine Jeans
a pair of swimming trunks	eine Badehose
kettle	Kessel
pan	Pfanne
tin opener (*BE*)	Dosenöffner
can opener (*AE*)	Dosenöffner
a pair of tights	eine Strumpfhose
a pair of shorts	kurze Hosen
swimming costume	Badeanzug
more	mehr
rucksack (*BE*)	Rucksack
few	wenige (*bei zählbaren Dingen*)
fewer	weniger (*bei zählbaren Dingen*)
less	weniger (*bei nicht zählbaren Dingen*)
tired	müde
hungry	hungrig
moor(s)	Heidelandschaft
summer	Sommer
American	Amerikaner(in); amerikanisch
pretty	hübsch
both	beide(s)
place	Platz, Ort
Have you got any money?	Hast du Geld?
traveller's cheque (*BE*)	Reisescheck
traveler's check (*AE*)	Reisescheck

I haven't got any money.	Ich habe kein Geld.
to change	(Geld) wechseln
yoghurt	Joghurt
sugar	Zucker
soap	Seife
tampon	Tampon
plastic	Kunststoff, Plastik
condensed milk	Kondensmilch
milk	Milch
paper	Papier, Papier-
toilet paper	Toilettenpapier
Just a minute.	Einen Moment!
mistake	Fehler
buying rate	Ankaufspreis (*beim Geldwechsel*)
selling rate	Verkaufspreis (*beim Geldwechsel*)
service charge	Bearbeitungsgebühr
tea shop	Teestube
was	war
check (*AE*)	Rechnung (*im Restaurant*)
brown	braun
envelope	Briefumschlag
anorak	Anorak
I can't find it anywhere.	Ich kann es nirgendwo finden.
not ... anywhere	nirgendwo(hin)
somewhere	irgendwo(hin)
waitress	Kellnerin

Is anything wrong?	Stimmt etwas nicht?, Ist etwas nicht in Ordnung?
anything	(irgend)etwas
of course	natürlich
pocket	Tasche
That's a relief!	Was für eine Erleichterung!
to keep	behalten
change	Wechselgeld
idiot	Idiot
Be fair!	Sei fair!
to be	sein
fair	fair, anständig
to happen (to)	passieren, geschehen
anybody	jede(r), irgendjemand
like	wie
someone	jemand
anyone	jemand; jede(r); irgend-jemand
not ... anyone	keine(r), niemand
nobody	keine(r), niemand
holiday	Feiertag; *Pl.*: Ferien, Urlaub
crisps	Chips
lemonade	Limonade
wine	Wein
could	könnte(n, -st)
to prepare	vorbereiten
something else	etwas anderes
Something is missing.	Es fehlt etwas.

Lesson 6   ## Shopping

to live	wohnen, leben
Clive works for ...	Clive arbeitet für ...
to **work**	arbeiten
insurance company	Versicherungsgesellschaft
He commutes ...	er pendelt ...
to commute	pendeln (*zwischen Wohnort und Arbeit*)
by train	mit der Bahn
by	mit (*bezogen auf Verkehrsmittel*)
train	Zug
Penny **writes** for ...	Penny schreibt für ...
to write	schreiben
woman, (*Pl.*: women)	Frau
magazine	Zeitschrift
she **doesn't** commute	sie pendelt nicht
usually	normalerweise, gewöhnlich
they **don't** ... go	sie gehen nicht
always	immer
together	zusammen
around	umher, um ... herum
market	Markt
I **don't** like ...	Ich mag nicht, Ich mag kein(e) ...
that	der, die, das da; jene(r, -s) da
giant	riesig, Riese

never	nie
there	dort
impersonal	unpersönlich
the butcher's	der Fleischerladen, die Metzgerei
butcher	Fleischer(in), Metzger(in)
the baker's	die Bäckerei
baker	Bäcker(in)
the grocer's	die Lebensmittelhandlung
grocer	Lebensmittelhändler(in)
I take my time.	Ich lasse mir Zeit.
as much as	(genau)so sehr wie
sometimes	manchmal
bottle	Flasche
river	Fluss
It doesn't matter.	Das macht doch nichts. Es ist egal.
to matter	wichtig sein
to serve	servieren, (be)dienen
excellent	ausgezeichnet
to arrive	ankommen, eintreffen
simple present	einfaches Präsens (*einfache Form der Gegenwart*)
factory	Fabrik
housework	Hausarbeit
everything	alles
shopping centre	Einkaufszentrum
as ... as	genau(so) ... wie
to take long	lange dauern

long	lang
grandmother	Großmutter
him	ihn, ihm
every	jede(r, -s)
to stay	übernachten; bleiben
them	sie; ihnen (*Objekt-pronomen*)
to leave	lassen
at home	zu Hause
us	uns
letter	Brief
her	sie, ihr (*Objektpronomen*)
town wall	Stadtmauer
wall	Mauer
to agree (with)	übereinstimmen (mit), zustimmen
I don't like it either.	Ich mag es auch nicht.
not ... either	auch nicht
ugly	hässlich, unansehnlich
rotten	(hunds)miserabel, scheußlich
to disagree (with)	nicht übereinstimmen (mit), anderer Meinung sein
by	von
Swedish	schwedisch; Schwedisch
Chinese	chinesisch; Chinese, Chinesin; Chinesisch
Stephen King	*US-amerikanischer Schriftsteller*

Australian	australisch; Australier(in)
Japanese	japanisch; Japaner(in); Japanisch
which	welche(r, -s)
statement	Aussage
best	beste(r, -s)
to want	wollen
present	Geschenk
next	nächste(r, -s)
perhaps	vielleicht
this one	diese(r, -s)
better	besser
older than	älter als
that one	der, die, das da; jene(r, -s) dort
more expensive	teurer
single malt	Single Malt (*Whiskysorte*)
the oldest	der, die, das Älteste
the most expensive	der, die, das Teuerste, am teuersten
cufflinks	Manschettenknöpfe
still	(immer) noch
to wear	tragen, anhaben
a bit	ein bisschen
old-fashioned	altmodisch
ceramic	Keramik-, aus Keramik
these silver ones	diese silbernen
silver	Silber-, silbern

nicer	schöner
prettier	hübscher
these gold ones	diese goldenen (z. B. Manschettenknöpfe)
gold	Gold-, golden, goldfarben
to guess	schätzen, ahnen, vermuten
the nicest	der, die, das Schönste, am schönsten
the prettiest	der, die, das Hübscheste, am hübschesten
bad	schlimm
worse	schlechter
tie	Krawatte, Schlips
red	rot
green	grün
blue	blau
yellow	gelb
white	weiß
grey	grau
orange	orange(farben)
pink	pink(farben)
trousers	Hosen
scarf (Pl.: scarves)	Schal
gloves	Handschuhe
vest (BE)	Unterhemd
vest (AE)	Weste
undershirt (AE)	Unterhemd
underpants	Unterhosen
cap	Mütze

waistcoat	Weste
clever	schlau
gentle	freundlich; sanft
happy	glücklich, froh
narrow	eng
famous	berühmt
attractive	attraktiv
(the) worst	der, die, das Schlechteste, Schlimmste; am schlechtesten, am schlimmsten
difficult	schwierig
second hand	(aus) zweiter Hand
mph (= miles per hour)	Meilen pro Stunde
per	pro
hp (= horse power)	PS
middle	Mitte
Right!	Richtig! Stimmt!
than	(nach gesteigertem Adjektiv) als
for sale	zu verkaufen
Jack drives very carefully.	Jack fährt sehr vorsichtig.
to stop	anhalten
bed	Bett
to get up	aufstehen
up	oben, nach oben, hinauf, herauf
to clean	sauber machen, reinigen, putzen
before	vorher, bevor, ehe

to leave	weggehen, abfahren, verlassen
ladder	Leiter
bucket	Eimer
van	Lieferwagen
fast	schnell
to be in a hurry	in Eile sein, es eilig haben
police	Polizei
WPC (Woman Police Officer)	Polizistin
ticket	*hier:* Strafzettel
careful	vorsichtig; sorgfältig
sign	Hinweisschild, Verkehrs-zeichen
to get ... out of	herausholen, heraus-kommen
to ring	klingeln, läuten
doorbell	Türglocke, Türklingel
to climb (up)	klettern, steigen (auf)
through	durch
to scream	schreien, kreischen
to shout	rufen, schreien
to run	laufen, rennen
Well, ...	Nun, ... Also, ...
burglar	Einbrecher(in)
window cleaner	Fensterputzer(in)
police station	Polizeiwache
poor	arm
lucky day	Glückstag

Italy	Italien
trip	Reise
Greece	Griechenland
Athens	Athen
to cost	kosten
Rome	Rom
true	wahr, richtig
a little	ein wenig

Lesson 7 — Popular Sports

sports reporter	Sportreporter(in)
sport	Sport
reporter	Reporter
national	national, überregional
reader	Leser(in)
information	Information(en)
about	über
game	Spiel
player	Spieler(in)
interview	Interview
to surprise	überraschen
rude	unhöflich, grob
polite	höflich
to get	*hier:* werden
angry	ärgerlich
patient	geduldig
calm	ruhig, gelassen

sportsman	Sportler
sportswoman	Sportlerin
report	Bericht
tall	groß, hoch
natural	natürlich, Natur-
blonde	blond, Blondine
leg	Bein
short	kurz
hair	Haar, Haare
eye	Auge
slim	schlank
figure	Figur
to look good	gut aussehen
dark	dunkel
cool	kühl
reserved	reserviert, zurückhaltend
ice	Eis
princess	Prinzessin
smile	Lächeln
warm	warm
friendly	freundlich, nett
shy	schüchtern, scheu
a few	einige
not ... yet	noch nicht
to play	spielen
tennis	Tennis
to swim	schwimmen
snooker	Billard
television (TV)	Fernseher, Fernsehen

to watch	ansehen, zuschauen
Scotland	Schottland
Thailand	Thailand
hero (*Pl.*: heroes)	Held
thin	dünn, mager, dürr
plump	pummelig
fat	dick, fett
who	der, die (*Relativpronomen*)
to report	berichten
to use	benutzen
user	Benutzer(in)
caller	Anrufer(in)
phone	Telefon
cleaner	Reinigungskraft
mountain	Berg
climber	Kletterer
drinker	Trinker(in)
driver	Fahrer(in)
cook	Koch, Köchin
to act	spielen (*im Theater oder Film*)
actor	Schauspieler
good-looking	gut aussehend
dancer	Tänzer(in)
... is getting better	wird besser
story (*Pl.*: stories)	Geschichte
clothes	Kleider, Kleidung
arrogant	arrogant
cool	kühl, 'cool'

sexy	sexy
tights	Strumpfhose
life (*Pl.*: lives)	Leben
professional	professionell, berufsmäßig; Profi
the same	die-, der-, dasselbe
easy	einfach, leicht
private	privat, persönlich
to start	anfangen, beginnen (mit), starten
daily	täglich
routine	Routine; *hier:* Alltag
exercise	Übung
to have a shower	(sich) duschen
local	örtlich, hiesige(r, -s), Lokal-
to take s.o. (to) ...	j-n zu/nach ... bringen
on tour	auf Tournee
tour	Tour, Tournee
next	der, die, das Nächste; *hier:* als Nächstes
manager	Manager(in)
to organize	organisieren, veranstalten
training	Training
match	Spiel, Wettkampf
to win	gewinnen
dream	Traum
league	Liga
against	gegen
football	Fußball

without	ohne
Canada	Kanada
Australia	Australien

Lesson 8 — Telephone boxes

emergency services	Notfalldienste
to lift	(auf, ab)heben, hochheben
receiver	Hörer (*beim Telefon*)
is needed	ist notwendig, wird gebraucht
to dial	wählen (*beim Telefon*)
to wait (for)	warten (auf)
emergency	Notfall
operator	Amt (*beim Telefon*)
call	Anruf
all over	überall
Britain	Großbritannien
(tele)phone box	Telefonzelle
service	Dienst(leistung)
fire brigade	Feuerwehr
fire	Feuer, Brand
ambulance	Krankenwagen
coastguard	Küstenwache, Seenot- rettungsdienst
to connect (with)	verbinden (mit)
unclear	unklar, undeutlich
message	Nachricht, Botschaft, Mitteilung

to cause	verursachen
delay	Verzögerung, Verspätung
calmly	ruhig (*Adv.*)
to speak	sprechen
clear	deutlich, klar (*Adj.*)
clearly	deutlich, klar (*Adv.*)
quick	schnell (*Adj.*)
quickly	schnell (*Adv.*)
slow	langsam (*Adj.*)
slowly	langsam (*Adv.*)
carefully	sorgfältig, vorsichtig (*Adv.*)
might	könnte(n) vielleicht
to answer	antworten
patiently	geduldig (*Adv.*)
politely	höflich (*Adv.*)
double	doppelt, Doppel-
one by one	eins nach dem anderen; einzeln
area code	Vorwahl
Hold on!	Einen Moment!
automatic	automatisch (*Adj.*)
automatically	automatisch (*Adv.*)
well	gut (*Adv.*)
hard	hart (*Adj.* u. *Adv.*)
I haven't seen you ...	Ich habe dich nicht gesehen ...
terrible	schrecklich
speaker	Sprecher(in), Redner(in)
singer	Sänger(in)

to sing	singen
writer	Schriftsteller(in)
worker	Arbeiter(in)
wild	wild
to dance	tanzen
president	Präsident
rather	ziemlich
unattractive	unattraktiv
politics	Politik
Spain	Spanien
Germany	Deutschland
to send	schicken, senden
dental	zahnärztlich
appointment	Termin, Verabredung
is calling	ruft an
is making	macht
to make	machen
Would ... suit you?	Würde ... Ihnen passen?
to suit	recht sein, passen (*auch Kleidung*)
unfortunately	leider, bedauerlicherweise
I can't manage that.	Das schaffe ich nicht.
to manage	schaffen
I'd prefer ...	Ich würde ... vorziehen ..., Mir wäre ... lieber.
to prefer	vorziehen, lieber mögen
Very well.	Sehr gut.
the sixteenth of April	der sechzehnte April
April	April

cardinal number	Kardinalzahl
ordinal number	Ordinalzahl
overview	Überblick
Europe	Europa
to mean	bedeuten
March	März
year	Jahr
Japan	Japan
October	Oktober
June	Juni
July	Juli
February	Februar
September	September
May	Mai
November	November
January	Januar
to fill out	ausfüllen
to join (with)	verbinden (mit)
to take photos	Fotos machen
calendar	Kalender
New Year's Day	Neujahr
night	Nacht
Scottish	Schottisch
poet	Dichter(in)
St Valentine's Day	Valentinstag
patron saint	Nationalheiliger
Wales	Wales
Ireland	Irland
fool	Narr, Dummkopf

The Queen	die Queen
queen	Königin
official	offiziell, amtlich
the legend says ...	der Legende nach ...
legend	Legende
it will rain	es wird regnen
bank holiday	gesetzlicher Feiertag
holiday	Feiertag
England	England
Northern Ireland	Nordirland
fair	Jahrmarkt, Kirmes
harvest festival	Erntedankfest
harvest	Ernte
Halloween	Halloween (*Nacht des 31. Oktober*)
bonfire	Freudenfeuer
December	Dezember
Christmas	Weihnachten
Christmas Eve	Heilig Abend
eve	Vorabend
Christmas Day	1. Weihnachtsfeiertag
Boxing Day	2. Weihnachtsfeiertag
New Year's Eve	Silvester
luck	Glück
babysitter	Babysitter
I'm washing ...	Ich wasche (gerade) ...
to wash	(sich) waschen
race	Rennen
sofa	Sofa

to listen to	anhören (z. B. Musik)
romantic	romantisch
music	Musik
to put in a CD	eine CD einlegen
to open	aufmachen, öffnen
to eat	essen
sandwich	Sandwich
arm	Arm
shoulder	Schulter
towards ...	auf ... zu
Hurry up!	Beeil dich, beeilt euch, beeilen Sie sich!
to build	bauen
to draw	zeichnen
to dress	(sich) kleiden, anziehen
to fry	braten, frittieren
to park	(Fahrzeug) parken
board	Tafel, Brett
gown	Kleid, Robe
licence	Erlaubnis
machine	Maschine, Apparat
metre	Meter
pot	Topf
driving licence (BE)	Führerschein
driving license (AE)	Führerschein
washing machine	Waschmaschine
cleaning lady	Putzfrau
building site	Baustelle
cooking pot	Kochtopf

dressing gown	Morgenmantel
drawing board	Zeichenbrett
answering machine	Anrufbeantworter
parking metre	Parkuhr
fantastic	fantastisch
most	die meisten, das meiste
even	sogar
successful	erfolgreich
tournament	Turnier
confident	zuversichtlich
nervous	nervös
opponent	Gegner
to hit	schlagen, treffen
ball	Ball, Kugel
so ... that	so ..., dass
to beat	schlagen, besiegen
Milan	Mailand

Lesson 9 — Summer camps

special	speziell, besonders
need	Bedürfnis
kid (*AE*)	Kind, Jugendlicher
summer camp	Sommerferienlager
just	nur, bloß
... want to enjoy them-selves	... wollen sich amüsieren
to enjoy oneself	sich amüsieren

during	während
vacation (*AE*)	Ferien
brochure	Broschüre, Prospekt
to like best	am liebsten mögen
to love	lieben
golf	Golf
regularly	regelmäßig
Mom	*Anrede für Mutter*
pro = professional	Profi, professionell
to have a hard time	es schwer haben
High School	High School
everybody	alle, jede(r)
crazy	verrückt, wahnsinnig
to jump	springen
to look at	hin-, ansehen
in an unfriendly way	unfreundlich (*Adverbform von unfriendly; s. Grammatik Lesson 7*)
unfriendly	unfreundlich
way	Art, Weise
to act	sich benehmen, sich verhalten
to get called	genannt werden
over there	dort drüben
to read	lesen
to exist	existieren
just	*hier:* einfach
to lose weight	abnehmen, Gewicht verlieren

to lose	verlieren
that	*hier:* das, welches (*Relativpronomen*)
to offer	anbieten
diet	Diät, Schlankheitskur
program (*AE*)	Programm
programme (*BE*)	Programm
good at	gut in
math (*AE*)	Mathe
maths (*BE*)	Mathe
to understand	verstehen, begreifen
to finish	(be)enden
course	Kurs
learner	Lerner(in)
to explain	erklären, erläutern
ad (*AE*)	Anzeige, Reklame
advert (*BE*)	Anzeige, Reklame
to saddle up	aufsatteln
acre	Acre (*engl. Flächenmaß*)
trail	Pfad, Weg
ring	Kreis, Ring
riding	Reiten
horse	Pferd
desert	Wüste
survival	Überleben
creative	schöpferisch, kreativ
arts	Künste
optional academics (= optional academic courses)	Wahlfächer

southwest travel	Reisen durch den Südwesten
session	*hier:* Veranstaltung
coed = coeducational	koedukativ
age	Alter
beginner	Anfänger(in)
advanced	Fortgeschrittene(r)
toll free	gebührenfrei
fishing	Angeln
rafting	Wildwasserfahren
friendship	Freundschaft
outdoor	draußen, Freiluft-
arena	Arena, Schauplatz
fun	Spaß, Vergnügen
Rockies (= Rocky Mountains)	*Gebirgskette im Westen der USA*
to feature	als Attraktion haben, bieten
various	verschiedene, diverse
activity	Aktivität
outside	außerhalb, draußen
magnificent	großartig
setting	Lage, Standort
to acquire	sich aneignen
skills	Fähigkeiten
to experience	erfahren
relationship	Beziehung
peer	Gleichrangige(r); Gleichaltrige(r); Gleichgesinnte(r)

from all over the country	aus dem ganzen Land
tradition	Tradition
to shape up	(sich) in Form bringen
fitness	Fitness
loss	Verlust
opportunity	Gelegenheit
in shape	in Form
to work-out	trainieren
muscle	Muskel
pound	Pfund
inch	Inch (*engl. Längenmaß*)
to feel	(sich) fühlen
to gain	gewinnen
self-confidence	Selbstvertrauen
fabulous	sagenhaft
location	Lage
Pacific	Pazifik
beach	Strand
training ground	Sportplatz
field	Feld
achievement	*hier:* Leistung
curriculum	Lehrplan
including	einschließlich
full	voll; umfassend
recreation	Erholung
leader	Führer(in)
since	seit
formerly	früher (*Adv.*)
sea	Meer

to explore	erkunden, erforschen
wonder	Wunder
island	Insel
qualified	qualifiziert
instructor	Ausbilder(in), Lehrer(in)
to snorkel	schnorcheln
u/w photography (= under-water photography)	Unterwasserfotografie
sailing	Segeln
to sail	segeln
seamanship	Seemannschaft
walking	Laufen, spazieren gehen
season	Saison, Jahreszeit
atmosphere	Atmosphäre
operating	in Betrieb
to operate	arbeiten, in Betrieb sein
cattle	Rinder
to include	einschließen, beinhalten
water skiing	Wasserski fahren
skiing	Ski fahren
horseback riding	Reiten
camping	Camping
swimming	Schwimmen
farm	Bauernhof, Farm
animal	Tier
to learn	lernen, herausfinden, erfahren
straight	gerade, geradeaus, geradewegs

manner	Art, Weise
look	Aussehen
to try hard	sich anstrengen
once a year	einmal im Jahr
once	einmal
twice a year	zweimal im Jahr
twice	zweimal
camper	Campingreisender
to bring	(mit)bringen
personal	persönlich
is washed	wird ... gewaschen
boot	Stiefel
alarm clock	Wecker
needn't	nicht müssen, nicht brauchen
bedlinen	Bettzeug
mustn't	nicht dürfen
video camera	Videokamera
personal stereo	tragbarer Radio-Kassetten-recorder/CD-Spieler
mobile (phone)	Handy
incorrect	inkorrekt, unrichtig
sad	traurig
wrong	falsch
to get bored	sich langweilen
to get started	anfangen
autumn (*BE*)	Herbst
biscuit (*BE*)	Keks
film (*BE*)	Film

note (*BE*)	Geldschein
pavement (*BE*)	Gehsteig
petrol (*BE*)	Benzin
postcode (*BE*)	Postleitzahl
queue (*BE*)	(Warte)schlange
tap (*BE*)	Wasserhahn
taxi (*BE*)	Taxi
tin (*BE*)	Blechdose
underground (*BE*)	U-Bahn
bill (*AE*)	Geldschein
cab (*AE*)	Taxi
can (*AE*)	Blechdose
cooky (*AE*)	Keks
fall (*AE*)	Herbst
faucet (*AE*)	Wasserhahn
gas (*AE*)	Benzin
line (*AE*)	(Warte)schlange
movie (*AE*)	Film
potato chips (*AE*)	Kartoffelchips
potato	Kartoffel
sidewalk (*AE*)	Gehsteig
subway (*AE*)	U-Bahn
zipcode (*AE*)	Postleitzahl
grandma	*ugs. für* Großmutter
sure	sicher, gewiss
pound	Pfund (*brit. Währung*)
... will do	wird/werden genug sein
to ring s.o. up	j-n anrufen
to forget	vergessen

Lesson 10   In a pub

by himself	allein
charming	reizend, bezaubernd
building	Gebäude
member (of)	Mitglied (in, von)
darts	Darts (Wurfpfeile)
team	Mannschaft, Team
I don't feel like going out.	Ich habe keine Lust auszugehen.
to feel like doing s.th.	sich danach fühlen, etwas zu tun
to feel well	sich wohl fühlen
Channel 4	*Britischer Fernsehkanal*
channel	Kanal
That's a pity.	Das ist schade.
Angel	*Name eines Pubs*
angel	Engel
winner	Gewinner(in), Sieger(in)
key	Schlüssel
squash	Squash
office	Büro
first things first	das Wichtigste zuerst
whose	wessen (*als Fragewort*)
round	Runde
'Killer'	Killer (*Name eines Dart-Spiels*)
out	raus (*bei einem Spiel*)
to close	schließen, zumachen

to throw (at)	werfen (auf, zu)
dartboard	Dartbrett
It's Danny's turn.	Danny ist dran.
open	offen, geöffnet
to aim (for, at)	zielen (auf)
to laugh	lachen
pint	Pint (*etwa 1/2 Liter, genau: 0,586 Liter*)
lager	Lager (*engl. Biersorte*)
mineral water	Mineralwasser
bitter	Bitter (*engl. Biersorte*)
beer	Bier
ale	*engl. Bierart*
visitor	Besucher(in)
northeast	Nordosten, Nordost...
coast	Küste
almost	fast, beinahe
dress	Kleid
sea food	Seafood (*Fisch, Meeresfrüchte*)
bull's eye	das Schwarze der Zielscheibe
outer	äußere(r, -s)
score	Spielstand
point	Punkt
treble	dreifache(r, -s)
last	letzte(r, -s)
nearly	beinahe, fast
quiet	ruhig

to score	einen Treffer landen, erfolgreich sein
to cheer	jubeln
Whitby	*Küstenstadt in Nord-Yorkshire*
Saturday	Samstag
captain	Mannschaftsführer, Kapitän
boat	Boot, Schiff
minibus	Kleinbus
departure	Abflug, Abfahrt, Abreise
arrival	Ankunft
Munich	München
New Delhi	Neu Delhi
Moscow	Moskau
flight	Flug
disco(theque)	Disco(thek)

Notizen

Notizen